BERNADETTE wurde in Northampton, England, geboren. Sie studierte Illustration und Kunst am Maidstone College of Art in Kent, unter anderem bei Brian Wildsmith und David Hockney. Seit 1968 arbeitet sie als freie Illustratorin. Sie hat unzählige Grimm- und Andersen-Märchen für den NordSüd Verlag in ihrem einzigartigen Stil illustriert. Bernadette lebt und zeichnet in Kent.

© 2010 NordSüd Verlag AG, Franklinstrasse 23, CH-8050 Zürich
Alle Rechte, auch die der auszugsweisen Vervielfältigung,
gleich durch welche Medien, vorbehalten.
Lithographie: Schwabe AG, Muttenz, Schweiz
Druck und Bindung: Livonia Print, Riga, Lettland
ISBN 978-3-314-01792-6

8. Auflage 2023

www.nord-sued.com
Bei Fragen, Wünschen oder Anregungen schreiben Sie bitte an:
info@nord-sued.com

Der NordSüd Verlag wird vom Bundesamt für Kultur
mit einem Strukturbeitrag für die Jahre 2021 – 2024 unterstützt.

Die Sterntaler

Brüder Grimm
Bernadette

Nord
Süd

Es war einmal ein kleines Waisenmädchen namens Mathilda. Das Mädchen war so arm, dass es nichts auf dieser Welt besaß als die Kleider, die es trug, und ein Stückchen Brot in seiner Manteltasche. Und weil es ganz allein war, zog es eines Morgens in die weite Welt hinaus.

Nach kurzer Zeit begegnete Mathilda einem armen Mann.
Der Mann war alt und schwach. Als er Mathilda sah, bat er:
»Ach bitte, liebes Kind, gib mir etwas zu essen, meine Frau und ich
sind am Verhungern!« Da reichte Mathilda ihm bereitwillig ihr
letztes Stückchen Brot. »Gott segne's dir«, sagte der arme Mann.

Mathilda aber ging weiter. Nach einer Weile kam ein rauer Wind auf und blies über die weite Ebene. Da sah Mathilda einen kleinen Jungen des Weges kommen. Er zitterte vor Kälte und sagte zu Mathilda: »Es friert mich so an meinen Ohren. Bitte schenk mir etwas, womit ich meinen Kopf bedecken kann.«

Da nahm Mathilda ihre warme Mütze ab und gab sie dem kleinen Jungen.
Dann ging sie weiter, durch Wälder und über Wiesen und vorbei an Bauernhöfen.

Der Wind trieb dunkle Wolken über den Himmel, und bald begann es zu regnen. Doch Mathilda ging weiter. Gegen Mittag kam wieder ein armer Junge des Weges. Er trug keinen Mantel und zitterte vor Kälte.

Mathilda hatte Mitleid mit ihm. Sie zog ihren Mantel aus und legte ihn dem Jungen über die Schultern. Der kleine Junge hörte auf zu zittern und lächelte Mathilda dankbar an.

Am späten Nachmittag legte sich der Wind, und die Sonne kam hervor. Ein Regenbogen spannte sich über den Himmel, und das grüne Gras und die Blumen leuchteten im Sonnenlicht.

Mathilda war sehr hungrig und sah sich nach etwas Essbarem um. Sie musste nicht lange suchen: Genau vor ihr wuchs ein Strauch mit süßen Beeren.

Und gleich daneben stand ein wilder Apfelbaum, dessen Zweige voll beladen waren mit reifen Äpfeln. Mathilda aß, bis sie satt war.

Danach lief sie weiter.

Allmählich wurde es dunkel. Die Schatten der Bäume und Sträucher wurden immer länger.

Da stieß Mathilda auf eine einsame Hütte. Neben dem Gartentor stand ein Mädchen, das genauso groß war wie Mathilda. Das Mädchen sah verzweifelt aus: »Bitte gib mir dein Kleid«, bat es. »Der Wind hat meines zerfetzt, und jetzt habe ich nichts mehr anzuziehen als dieses dünne Tuch.«

Ohne zu zögern, zog Mathilda ihr altes und abgetragenes Kleid aus und schenkte es dem Mädchen.

Nachdem die Sonne untergegangen war, kam Mathilda zu einem riesigen Wald. Lange, dunkle Schatten fielen auf den Pfad, der sich zwischen Büschen und mächtigen Bäumen hindurchschlängelte. Über Mathildas Kopf ächzten und stöhnten die Äste im Wind.

Doch Mathilda fürchtete sich nicht und lief guten Mutes weiter.

Sie lief weiter, in den Wald hinein. Nach einer Weile sah sie deutlich einen Weg vor sich, der links und rechts von Glühwürmchen beleuchtet wurde.

Da kam ihr eine arme Familie entgegengelaufen. Die Menschen sahen müde und erschöpft aus. Die Mutter trug ein Baby in den Armen, und vor ihr ging ein älteres Kind, das bloß mit einem Schultertuch bekleidet war. »Ach bitte«, sagte das Kind zu Mathilda, »ich friere so, bitte gib mir etwas, womit ich mich bedecken kann.«

Mathilda dachte sich: »Es ist dunkle Nacht, da sieht mich niemand, da kann ich wohl mein Hemdchen weggeben.« Sie zog das Hemd aus und gab es dem Kind. Jetzt hatte sie gar nichts mehr anzuziehen.

Und wie Mathilda so dastand, in der kalten Nacht, fielen unzählige Sterne vom Himmel, die sich sogleich in glänzende Silbermünzen verwandelten. Und obgleich Mathilda erst gerade ihr letztes Hemd weggegeben hatte, trug sie jetzt ein neues Kleid aus feinstem Gewebe.

Glücklich sammelte Mathilda die Silbermünzen ein und steckte sie in die Taschen ihres Kleides. Von dieser Nacht an musste Mathilda nie mehr Not leiden.